Soupes du monde :

50 recettes de soupe pour voyager

Cathy Beaumont

Table des matières

1-Bortsch (Russie) 4

2-Krupnik (Pologne) 8

3-Goulache (Hongrie) 10

4-Soupe à la boulette (Belgique - recette flamande) 12

5-Soupe à la bière (Belgique) 13

6-Velouté de chicons (endives) Belgique 15

7-Minestrone (Italie) 17

8-Mocqueca (Brésil) 21

9-Soupe à la gourgane Québec, Canada 23

10-Soupe à l'ivrogne, Québec, Canada 25

11-Soupe de pomme de terre, Allemagne 26

12-Velouté de patates douces au lait de coco et tartines (Antilles, France) 27

13-Soupe d'orties (France) 29

14-Gumbo de crevettes (Louisiane, Etats-Unis) 31

15-Potage Brighton (Carottes-Cheddar), Californie, Etats-Unis 33

16-Soupe à l'orge (Ecosse, Grande Bretagne) 34

17-Soupe à l'ail (Espagne) 36

18-Soupe de courge (Espagne) 37

19-Soupe de lentilles au chorizo (Espagne) 38

20-Soupe chinoise (Chine) 40

21-Soupe bolivienne aux légumes et cacahuètes (Bolivie) ... 43

22-Soupe Ajiaco (Colombie) 45

23-Soupe au quinoa (Pérou) 47

24-Cazuela de Pantrucas (Chili) 49

25-Locro Criollo (Argentine) 53

26-Fanesca soupe (Equateur) 55

27-Soupe de maïs (Pérou) 59

28-Soupe aux cacahuètes (Afrique) 61

29-Soupe de patates douces, miel, citron vert et gingembre (Afrique) 63

30-Bouillabaisse (France) 65

31-Soupe au gruyère (Suisse) 70

32-Kuksu (Malte) 72

33-Soupe à la tomate (Pérou) 73

34-Caldo de ovo (Cap Vert) 75

35-Soupe de lentilles corail Addas (Soudan) 78

36-Kale farci à la patate douce et lait de coco (Vanuatu) 80

37-Soupe de nouilles épicées (Singapour) 82

38-Soupe à l'oignon (Luxembourg) 84

39-Soupe de Fèves Foul (Yemen) 86

40-Ash-e-reshteh (Iran) 89

41- Soupe rhubarbe épinards Chin hin (Birmanie) 91

42- Soupe de haricots blancs - Jani me fasule (Albanie) 94

43-Soupe aux champignons hongroise (Hongrie) 96

44-Soupe au lait (Biélorussie) 99

45-Soupe de haricots rouges Lobio (Georgie) 101

46-Soupe de pois cassés et citrouille (Bostwana) 103

47-Soupe de saumon – Lohikeitto (Finlande) 105

48-Soupe de pois - Sup z horokhu (Ukraine) 107

49-Soupe médicament (Norvège) 109

50-Soupe de brocolis au cheddar (Islande) 111

1-Bortsch (Russie)

Ingrédients pour 4 personnes :

Ingrédients pour le bouillon de bœuf :

-500 g de macreuse de bœuf

-1 os à moelle

-2.5 l d'eau

-1 bouquet garni (1 branche de thym, 1 feuille de laurier, 1 branche de persil)

-2 oignons

-2 carottes

-1 cœur de céleri

-2 tomates

-Sel

Ingrédients pour le potage :

-4 cuillères à soupe de crème épaisse

-2 tomates

 500 g de betterave

-1 navet

-1 céleri rave

-2 pommes de terre

-200 g de chou

-2 poireaux

-2 gousses d'ail

-2 cuillères à soupe de beurre

-2 cuillères à soupe de vinaigre

-1/2 cuillère à café de sucre

-1 citron

-Poivre

-Sel

Préparation de la recette :

1-Préparation du bouillon de bœuf

-Eplucher les carottes et les tomates (après les avoir ébouillantées pour que la peau s'enlève plus facilement).

-Mettre dans une marmite le bœuf, l'os et l'eau froide. Porter à ébullition. Ecumer.

-Ajouter les oignons coupés en 4, les légumes en morceaux et le bouquet garni. Saler à votre convenance.

-Laisser cuire pendant 1 heure 30 pour bien attendrir la viande.

2-Préparation du potage

1-Ebouillanter les tomates pour les éplucher. Les couper en

2-Eplucher les betteraves, le navet, le céleri rave. Hacher les légumes en gros morceaux.

3-Eplucher les pommes de terre et les couper en dés.

4-Emincer le chou.

5-Couper les poireaux en petits morceaux.

6-Ecraser l'ail et le faire revenir dans une grande poêle avec le beurre. Ajouter les betteraves, le céleri rave, le navet, les tomates, le vinaigre et le sucre.

7-Mouiller de bouillon. Couvrir et laisser mijoter 1 heure.

8-Dans le reste du bouillon porté à ébullition, ajouter le chou et les pommes de terre. Faire cuire à découvert jusqu'à ce que les pommes de terre soient tendres. Ajouter ces légumes et le bouillon à la soupe de betteraves.

9-Ajoutez la viande de bœuf en petits morceaux. Poivrer. Saler si nécessaire. Continuer la cuisson environ 1/2h à feu moyen.

Servir dans des bols en ajoutant une cuillère de crème additionnée d'un peu de jus de citron.

2-Krupnik (Pologne)

Ingrédients pour 6 personnes :

-2 cubes de bouillon

-1 litre d'eau

-100 g d'orge perlé

-2 feuilles de laurier

-200 g de blancs de poulet coupés en dés

-200 g de pommes de terre coupées en dés

-100 g de carottes coupés en morceaux

-50 g de céleri coupé en morceaux

-100 g de poireaux émincés

-20 g de beurre

-60 g d'oignons coupés en 2

Préparation de la recette :

1-Placer les oignons, les carottes et le céleri dans un mixeur 6-10 sec.

2-Ajouter les légumes mixés, le poireau émincé et le beurre dans une casserole. Faire rissoler la préparation pendant 5 minutes.

3-Ajouter le poulet, le laurier, l'orge.

Recouvrir d'eau. Porter à ébullition avant de baisser la cuisson à feu moyen. Laisser mijoter 30 minutes.

3-Goulache (Hongrie)

Ingrédients pour 6 personnes :

-3 litres d'eau

-1 kg de bœuf à braiser

-3 pommes de terre

-3 carottes

-2 tomates

-Pâtes alsaciennes (spaëtzele)

-2 gros oignons

-50 g de lard fumé

-2 gousses d'ail

-1 piment rouge

-3 branches de persil

-3 feuilles de laurier

-5 feuilles de céleri

-Carvi moulu (anis des Vosges)

-1 cuillère à soupe de paprika

-Sel

-Poivre

Préparation de la recette :

1-Faire revenir le lard coupé en petits morceaux, ensuite les oignons.

2-Ajouter le bœuf coupé en dés de 2cmx2cm.

3-Couper les carottes et les branches de persil en morceaux, les ajouter à la soupe avec les autres ingrédients, sauf les pommes de terre, les nouilles.

4-Laisser mijoter pendant 1h30.

5-Ajouter les pommes de terre et les pâtes 30 minutes avant la fin.

4-Soupe à la boulette (Belgique - recette flamande)

Ingrédients pour 6 personnes :

-1 botte de céleri en branche vert clair

-5 poireaux

-6 oignons

-Poivre

-Sel

-2 feuilles de laurier

-Thym

-5 cubes de bouillon de légume ou de viande

-Vermicelles ou pâtes à potage (un verre de 20 cl)

-1 kg de porc et veau ou porc et bœuf

-Farine (pour fariner la viande)

Préparation de la recette :

1-Laver et couper le céleri en tronçons de 1cm environ, les feuilles également.

2-Laver et couper le poireau en tronçons, ne pas garder le vert sauf s'il est vert clair.

3-Emincer l'oignon.

4-Ajouter le sel, le poivre, le thym, le laurier et les cubes de bouillon ainsi que l'eau.

5 Faire bouillir 45 min, une fois les légumes cuits ajouter la viande en boulettes farinées (cela empêche la viande de se défaire) ainsi que les pâtes.

6-Faire cuire 1 heure et demi et servir.

5-Soupe à la bière (Belgique)

Ingrédients :

-1,5 litre d'eau

-2 cubes de bouillon de volaille

-1 canette de bière (33cl)

-250 g de biscotte

-Poivre

-Sel

-Muscade

-50 cl de crème fraîche

Préparation de la recette :

1-Faire chauffer 1,5 litre d'eau et ajouter les cubes de bouillon de volaille.

2-Ajouter la bière et les biscottes.

3-Saler, poivrer et faire cuire très doucement pendant 30 min.

4-Passer le tout au mixeur.

5-Ajouter la muscade et la crème fraîche.

6-Velouté de chicons (endives) Belgique

Ingrédients :

-4 endives

-2 pommes de terre moyennes

-2 échalotes

-50 cl de lait

-50 cl d'eau + 20 cl

-2 cuillères à café de vergeoise (ou cassonade)

-1/2 cuillère à café de curry

-1 tranche de bacon coupées en 4 ou allumettes de lardons

-Poivre

-Sel

Préparation de la recette :

1-Enlever les premières feuilles des endives (si nécessaire). Les passer sous l'eau, les essuyer, puis les détailler en bâtonnets de 1 cm de large (enlever le cœur pour éviter l'amertume).

2-Emincer les échalotes.

3-Laver et éplucher les pommes de terre, les couper en rondelles.

4-Faire revenir dans du beurre les endives et les échalotes à feu vif, ajouter la vergeoise et laisser mijoter 15 min à feu doux.

5-Pendant ce temps, mettre les 50 cl de lait + 50 cl d'eau dans une casserole avec 1 pincée de sel. Y mettre les pommes de terre et porter à ébullition. Ensuite, laisser cuire à feu moyen pendant 10 min.

6-Ajouter alors les endives (réserver quelques bâtonnets) pour encore 10 min de cuisson à feu moyen. Au bout de ce temps, rajouter 20 cl d'eau chaude, couvrir, et laisser cuire encore 5 min.

7-Ajouter le curry selon les goûts, sel et poivre, puis mixer le tout.

8-Servir avec une cuillerée de crème fraîche, quelques bâtonnets d'endive, les tranches de bacon ou les allumettes de lardons.

7-Minestrone (Italie)

Ingrédients :

-1/4 de chou vert

-2 courgettes

-2 oignons

-250 g de pommes de terre

-250 g de petits pois frais

-1 petite boîte de tomates en morceaux

-1 petite boîte de haricots blancs

-2 branches de céleri

-2 carottes

-150g de lard fumé

-125g de petites pâtes

-6 cuillères à soupe d'huile d'olive

-5 cuillères à soupe de basilic haché

-3 gousses d'ail

-2 cuillères à soupe de concentré de tomates

-1 morceau de sucre

-1 brin de thym

-Sel

-Poivre du moulin

Préparation de la recette :

1-Laver, éplucher et couper en dés les carottes et les pommes de terre, le céleri et les courgettes.

2-Peler et hacher les oignons et l'ail.

3-Couper le chou en fines lanières.

4-Écosser les petits pois.

5-Couper le lard fumé en petits dés.

6-Dans un grand faitout, verser 3 cuillères à soupe d'huile d'olive.

7-Faire revenir les lardons et les oignons.

8-Ajouter ensuite les carottes, le céleri et une gousse d'ail.

Faire cuire 5 min.

9-Ajouter les tomates avec leur jus, le concentré de tomates, le sucre, le thym, 2 cuillères à soupe de basilic, 2 litres d'eau, du sel et du poivre. Couvrir. Laisser mijoter 20 min en remuant de temps en temps.

10-Ajouter les pommes de terre et les courgettes.

Couvrir. Laisser cuire 10 min.

Ajouter ensuite les petits pois et le chou, couvrir et laisser cuire 15 min.

11-Ajouter les haricots blancs égouttés puis les pâtes.

Laisser cuire 10 min à découvert.

12-En fin de cuisson, ajouter le reste d'huile d'olive, de basilic et d'ail haché.

13-Servir chaud dans une soupière de préférence.

Saupoudrer de parmesan. Accompagner ce minestrone d'un bol de pistou.

8-Mocqueca (Brésil)

Ingrédients (4 personnes) :

-2 cuillères à soupe d'huile d'olive

-1 gros oignon

-3 gousses d'ail

-1/2 poivron vert épépiné

-3 tomates

-250 ml de lait de coco

-600 g de poisson à chair ferme (lotte, colin ou cabillaud)

-1 citron vert

-Poivre

-Sel

-Piment

-Basilic

-Coriandre

-Persil frais

Préparation de la recette :

1-Couper le poisson en fines lamelles en prenant soin de bien d'enlever les arêtes. Le faire mariner dans un récipient avec du citron, du sel et du poivre pendant deux heures.

2-Couper l'oignon, le poivron et les tomates en dés.

Écraser l'ail.

3-Dans un grand fait-tout faire chauffer l'huile d'olive puis ajouter dans l'ordre suivant : l'oignon, l'ail écrasé, les dés de poivron et de tomates. Faire revenir le tout pendant 10 minutes.

4-Ajouter le lait de coco puis recouvrir. Laisser mijoter à feu doux pendant 20 minutes.

5-Saler et poivrer à votre convenance. Ajouter une pincée de piment si vous le souhaitez.

6-Ajouter les herbes fraîches hachées, le poisson puis laisser mijoter à feu moyen pendant 10 minutes.

Suggestion d'accompagnement :

Ce plat qui se sert bien chaud se marie à merveille avec un peu de riz nature parfumé.

9-Soupe à la gourgane Québec, Canada

Ingrédients (4 personnes),:

-fèves

-carottes

-1 oignon haché

-lardons

-bouillon de bœuf

-1 poignée d'orge

-sel

-poivre

-herbes : cerfeuil, persil, ciboulette

Préparation de la recette :

-Dans un fait-tout, faire revenir les lardons puis y ajouter l'oignon haché.

-Ajouter le bouillon de bœuf et montez le tout à ébullition avant de revenir à feu doux

-Ajouter, les fèves, les carottes coupées en fines rondelles, une pincée de sel, une pincée de poivre et les herbes hachées (persil, cerfeuil, ciboulette).

-Couvrir et laisser mijoter pendant 1h30 à feu doux.

-Ajouter l'orge et faire cuire encore 30 minutes.

10-Soupe à l'ivrogne, Québec, Canada

Ingrédients :

-Oignons

-Lard salé

-Tomates coupées en dé

-2 litres de bouillon de volaille

-Poivre

Préparation de la recette :

Faire frire le lard dans une marmite et y ajouter les oignons finement coupés pour les faire cuire dans la graisse. Ajouter les tomates coupées en dé, le poivre.

Recouvrir de bouillon et laisser mijoter 30 minutes.

11-Soupe de pomme de terre, Allemagne

Ingrédients :

-750 g de pomme de terre

-1.25 litre de bouillon

-150 g de lardons

-2 oignons moyens

-25 cl de crème liquide ou fraîche

-2 jaunes d'œufs

-Beurre

-Poivre

-Sel

-1 cuillère à soupe de marjolaine

Préparation de la recette :

1-Dans un peu de beurre faire revenir les oignons en dés et les lardons.

2-Rajouter les pommes de terre coupées en petits dés et mettre le bouillon (légumes ou autre).

3-Saler, poivrer, mettre la marjolaine et laisser mijoter pendant 20 minutes.

4-Mélanger la crème aux jaunes d'œufs et rajouter à la soupe.

5-Mixer le tout et laisser encore 5 min sur le feu sans faire bouillir.

6-A la place des lardons, on peut également mettre du saumon fumé.

12-Velouté de patates douces au lait de coco et tartines (Antilles, France)

Ingrédients (4 personnes) :

-800 g de patates douces

-1 carotte

-½ oignon

-80 cl de bouillon de légumes

-15 cl de lait de coco

-1 cuillère à soupe de curry

-1 citron vert

-Huile d'olive

-Sel

-75 g d'amandes effilées pour servir

-4 tranches de pain de campagne

-Beurre

-4 tranches de jambon fumé

Préparation de la recette :

1- Peler les patates douces, la carotte et l'oignon.

2-Ciseler l'oignon, couper la carotte petits dés et les patates douces en dés moyens.

3-Dans une cocotte, faire chauffer l'huile d'olive, ajouter les dés de carotte et le demi oignon.

4-Faire revenir sur feu doux pendant 5 minutes. Ajouter le curry, mélanger.

5-Ajouter les dés de patates douces et mélanger.

6-Ajouter le bouillon, un peu de sel, porter à ébullition. Baisser le feu et couvrir. Laisser mijoter pendant 20 minutes.

7-Torrefier les amandes dans une poêle sur feu doux puis préparer les tartines. Beurre le pain et ajouter le jambon fumé.

8-Mixer les légumes avec le lait de coco. Ajouter le jus d'un demi citron vert. Servir avec les amandes et les tartines.

13-Soupe d'orties (France)

Ingrédients (4 personnes) :

-1 filet d'huile d'olive

-500g d'orties

-1 kg pomme de terre

-1,2 litre de bouillon

-1 gousse d'ail

-Sel

-Poivre du moulin

Préparation de la recette :

1-Dans une cocotte, faire chauffer un peu d'huile d'olive et faire revenir l'oignon ciselé pendant 5 minutes.

2-Avec des gants en plastique, tirer sur la tige des orties pour garder la tête. Puis ajouter la moitié des orties dans la cocotte et les faire revenir avec l'oignon. Ajouter l'ail, les pommes de terre coupées en dés et le bouillon. Saler, porter à ébullition et laisser mijoter 15 minutes à couvert.

3-En fin de cuisson, ajouter le reste des orties et laisser bouillir à découvert 5 minutes. Mixer.

14-Gumbo de crevettes (Louisiane, Etats-Unis)

Ingrédients (4 personnes) :

-2 cuillères à soupe d'huile d'arachide

-100 g de poitrine de porc

-1 carotte en petits morceaux

-2 branches de céleri -branche

-1 oignon

-4 gousses d'ail

-1 cuillère à soupe d'épices cajun

-20 g de beurre

-35 g de farine

-70 cl de bouillon de poule

-400 g de tomates concassées

-500 g de crevette cuites

Préparation de la recette :

1-Couper la poitrine de porc en petits morceaux.

2-Couper la carotte en morceaux de 1x1cm.

3-Faire chauffer l'huile et revenir la poitrine de porc à feu moyen jusqu'à ce qu'elle devienne craquante.

4-Ajouter les morceaux de carotte, les épices cajuns ainsi que le céleri, l'oignon, l'ail hachés, et cuire 5 min.

5-Ajouter le beurre et la farine pour faire un roux (cuire à feu doux pour environ 10 minutes jusqu'à ce que la farine roussisse).

6-Ajouter petit à petit le bouillon sur le roux pour obtenir un mélange homogène. Ajouter les tomates et leur jus. Laissez cuire à feu réduit et à couvert pendant 1h.

7-Peler les crevettes et les ajouter dans le bouillon en fin de cuisson. Continuer la cuisson à feu doux pendant 10 min pour réchauffer les crevettes.

8-Servir avec du riz et agrémenter de tabasco si nécessaire.

15-Potage Brighton (Carottes-Cheddar), Californie, Etats-Unis

Ingrédients (4 personnes) :

-500 g de carotte (épluchées)

-250 g de pomme de terre (épluchées)

-65 cl de bouillon de poule

-25 cl de lait

-150 g de cheddar (orangé)

Préparation de la recette :

1-Couper les carottes et pommes de terre en petits dés.

2-Couvrir de bouillon et faire cuire pendant 40 minutes.

3-Retirer la casserole du feu. Mixer le potage.

4-Ajouter le lait. Remettre sur le feu.

5-Une fois le potage réchauffé, ajouter le cheddar râpé pour le faire fondre. Servir bien chaud.

16-Soupe à l'orge (Ecosse, Grande Bretagne)

Ingrédients de la recette :

-500 g de collier d'agneau

-3 cuillères à soupe d'orge

-2 poireaux

-2 carottes

-2 navets

-1/2 cœur de céleri

-1 oignon

-1 feuille de laurier

-Poivre en grains

-Sel

Préparation de la recette :

1-Nettoyer, éplucher et laver les légumes. Les débiter en lamelles, rondelles ou petits cubes.

2-Mettre l'agneau dans une cocotte et le couvrir d'eau froide. Ajouter le laurier, faire bouillir 15 min, écumer. Ajouter tous les légumes et l'orge, saler couvrir d'eau.

3-Faire mijoter à feu doux, cocotte couverte, 1h30.

4-Retirer l'agneau, enlever les os. Remettre la viande dans la cocotte.

5-Servir, avec du poivre et une cuillerée de persil haché.

17-Soupe à l'ail (Espagne)

Ingrédients :

-8 gousses d'ail

-4 tranches de pain

-4 œufs

-4 tasses de bouillon

-3 cuillères à café de paprika

-1 cuillère à café de cumin (1-2 c à café)

-1 pincée de curcuma

Préparation de la recette :

1-Préchauffer le four sur 220°C

2-Faire revenir l'ail. L'enlever de la casserole.

3-Faire griller le pain. Le placer dans la casserole.

4-Ajoutez le paprika, faire revenir 1-2 minutes.

5-Ajouter l'ail frit, le cumin, le curcuma, le bouillon, du sel et du poivre.

6-Porter à ébullition.

7-Répartir la soupe dans des bols allant au four ; casser un œuf dans chaque.

8-Enfourner pendant 8 minutes ou jusqu'à ce que les œufs soient pochés.

18-Soupe de courge (Espagne)

Ingrédients :

-1/4 potiron

-12 cl de crème fraîche

-Muscade

-Poivre

-Sel

-3 cuillères à soupe de tapioca

Préparation de la recette :

1-Eplucher et ôter les pépins du potiron. Couper la partie tendre en dés et mettre les dés dans un faitout. Couvrir d'eau, saler et laisser cuire environ 20 mn.

2-Retirer les dés de potiron cuits et les passer au mixeur. Remettre la purée obtenue dans le faitout. Ajouter 1/2 litre d'eau chaude et porter à ébullition.

3-Râper une pincée de noix de muscade et ajouter le tapioca en pluie fine. Bien remuer. Faire cuire encore 20 mn.

4-Verser la crème fraîche. Saler, poivrer. Servir bien chaud.

19-Soupe de lentilles au chorizo (Espagne)

Ingrédients :

-300 g de lentilles

-1 oignon

-1 chorizo

-4 tomates (ou 1 boîte de tomates pelées)

-2 gousses d'ail

-1 bouquet garni

Préparation de la recette :

1-Faire tremper vos lentilles 6 heures avant dans un grand saladier d'eau froide.

2-Faire revenir ail et oignon avec un peu d'huile d'olive dans la cocotte-minute.

3-Rajouter les tomates découpées et un 1/2 verre d'eau, saler, poivrer, et ajouter un bouquet garni.

4-Laisser cuire à feu doux jusqu'à obtention d'un beau coulis.

5-Egoutter les lentilles, les ajouter dans la cocotte et mouiller avec l'équivalent des lentilles en volume d'eau.

6-Faire cuire 15 min à partir du chuchotement de la soupape.

7-Ouvrir la cocotte, goûtez, assaisonner, et rajouter un peu d'eau si elle s'est trop évaporée (c'est une soupe).

8-Ajouter des rondelles assez épaisses de chorizo et faire cuire 10 mn encore.

9-Servir chaud, accompagné d'un œuf poché.

20-Soupe chinoise (Chine)

Ingrédients :

-4 cuisses de poulet

-1 boîte de crabe ou pinces de crabes congelés (gros morceaux préférables)

-15 crevettes fraîches, à décortiquer

-3 oeufs

-Champignon noir + champignons parfumés (quantité au choix)

-1 boîte de pousse de bambou

-Vermicelles chinois ou pâtes jaunes chinoises (au choix)

-200 g de germes de soja frais

-Ciboule fraîche

-10 feuilles de chou chinois

-Soja ou nuoc mam pour saler

-1/2 bouquet de coriandre

-1/2 pot de concentré pour soupe chinoise (en épicerie spécialisée)

-1.25 l d'eau

Préparation de la recette :

1-Cuire 3/4 h les cuisses de poulet au four, puis effilocher le tout, peau grillée comprise, en petits morceaux. Réserver dans le jus.

2-Faire tremper les champignons dans l'eau pendant 1/2 heure, et bien les laver. Couper en fines lanières.

3-Préparer le bouillon : pour trouver les ingrédients de cette recette, vous devrez allez en épicerie asiatique spécialisée. Ces pots de concentrés pour soupe sont excellents, on les trouve aromatisés au bœuf, au crabe, au canard, à la citronnelle, pimentés ou non.

4-Faire bouillir les 2,5 L d'eau, ajouter 4 cuillères à soupe du concentré, et laisser fondre dans l'eau. Baisser le feu.

5-Ajouter les ingrédients suivants :

- champignons noirs et parfumés,

- pousses de bambou

- choux chinois

- poulet

- ciboule entière avec la tige (sorte de tout petits oignons blancs avec tige).

6-Laisser mijoter doucement 1/2 heure. A ce stade, la soupe doit rester sur feu doux, vérifier la cuisson des premiers ingrédients.

7-Préparer une omelette avec les 6 œufs, saler, poivrer. Couper l'omelette en cubes. Réserver. Vous pouvez réaliser une omelette à l'échalote hachée.

8-Ajouter les pâtes, en respectant les consignes de cuissons propres à chaque variété, les vermicelles transparents cuisent en 5 min, les pâtes jaunes, en 10 min.

9-Ajouter les germes de soja, les morceaux d'omelette puis les crevettes, les miettes de crabe, cuire encore 10 min.

10-Servir dans des grands bols, parsemer de quelques feuilles de coriandre.

11-Saler à votre convenance en utilisant de la sauce soja ou nioc nam.

21-Soupe bolivienne aux légumes et cacahuètes (Bolivie)

Ingrédients :

-2 carottes

-3 pommes de terre

-1 oignon

-1 gousse d'ail

-200 g de tomate coupées

-50 g de cacahuète grillée

-1 escalope de poulet

-1 bouillon de volaille ou légumes

-1 litre d'eau

-1 pointe de piment en poudre

Préparation de la recette :

1-Couper l'oignon, les carottes et l'ail en petits morceaux.

2-Faire cuire le tout dans une poêle avec de l'huile d'olive. Y ajouter les tomates ainsi que le piment et le sel.

3-Au même moment, cuire les pommes de terre coupées en petits morceaux préparer le bouillon dans un litre d'eau bouillante.

4-Dans ce litre, ajouter le blanc de poulet préalablement coupé.

5-Piler les cacahuètes, ajouter à la préparation de la poêle, ainsi que les pommes de terre cuites.

6 Ajouter pour terminer, le bouillon dans la poêle avec tous les ingrédients, laisser mijoter 10-15 minutes en recouvrant à feu doux.

22-Soupe Ajiaco (Colombie)

Ingrédients (6 personnes) :

-3 oignons

-1 petit bouquet de coriandre

-2,5 kg de poulet coupés en morceaux

-2 cubes de bouillon de volaille

-750 g de pomme de terre Sabanera épluchées et coupées en rondelle

-500 g de pomme de terre jaunes Criolla épluchées

-1 kg de pomme de terre Pastusa épluchées et coupées en rondelles.

-1.5 bol de feuilles de guascas fraîches

 5 épis de maïs, moyens, coupés en trois

-Clou de girofle

-Poivre

-Sel

Préparation de la recette :

1-Dans une grande casserole, mettre les oignons, la coriandre, le sel et les poulets. Couvrir d'eau. Faire cuire à feu vif en écumant. Puis réduire le feu et laisser cuire.

2-Quand le poulet commence à être cuit, retirer la coriandre et les oignons et ajouter les bouillons-cubes. Poivrer. Ajouter la pomme de terre Sabanera et laisser cuire à feu moyen pendant 30 min.

3-Quand les morceaux poulets sont cuits, les sortir pour les laisser refroidir puis les débiter en petits morceaux.

4-Mettre ensuite dans la casserole les pommes de terre Criolla et Pastusa et vérifier l'assaisonnement. Ajouter les feuilles de guasca et les épis de maïs. Poursuivez la cuisson pendant 15 min.

5-Quand les pommes de terre sont cuites, remettre les morceaux de poulet et laissez cuire 5 à 10 min encore.

6-Servir bien chaud, accompagné de crème fraîche, de câpres, de piment et de tranches d'avocat bien mûres.

23-Soupe au quinoa (Pérou)

Ingrédients (4 personnes) :

-150 g de quinoa

-4 pommes de terre

-1 œuf

-1 tomate

-100 g de gruyère râpé

-1 oignon

-2 gousses d'ail

-1 bouquet de coriandre fraîche

-1 bouquet d'origan

-1 cuillère à soupe d'huile d'arachide

-Sel

-Poivre

Préparation de la recette :

1-Laver et égoutter le quinoa.

2-Éplucher et émincer très finement l'oignon et les gousses d'ail. Laver et coupez en petits dés la tomate. Laver, éplucher et couper en petits dés les pommes de terre.

3- Dans une cocotte, faire chauffer l'huile doucement. Ajouter l'oignon, l'ail et les dés de tomate.

4-Faire chauffer de l'eau (trois fois le volume de quinoa) et la verser dans la cocotte.

5-Ajouter le quinoa, le bouquet de coriandre, l'origan et les pommes de terre. Bien mélanger.

6-Ajouter l'œuf et le gruyère râpé. Assaisonner si besoin et laisser cuire pendant 10 min.

7-Retirer les tiges des herbes et servir bien chaud dans des bols.

24-Cazuela de Pantrucas (Chili)

Ingrédients (4 personnes) :

Pour les pâtes :

-200 g de farine

-1 œuf

-1 cuillère à soupe d'huile

-½ cuillère à café de sel

-De l'eau tiède pour travailler la pâte

Pour le bouillon de légumes :

-1,5 litre d'eau

- 2 grosses carottes

-2 pommes de terre

-1 oignon

-1 gousse d'ail

-2 petits navets

-1 branche de céleri

-1 cube de bouillon de légumes

-2 œufs

-Coriandre fraîche

-Poivre

-Sel

-Cumin

Préparation de la recette :

1-Préparation de la pâte :

Verser la farine en pluie sur un plan de travail.

Creuser un puits au milieu et y verser l'œuf, l'huile et le sel.

Avec une fourchette, travailler le tout en ramenant la farine vers le centre.

Travailler la pâte avec les mains farinées jusqu'à obtenir une pâte lisse et élastique.

Ajouter un peu d'eau tiède si le mélange est trop dur.

Rouler la pâte en boule et la couvrir d'un film alimentaire.

Laisser reposer 30 minutes.

2-Etaler la pâte au rouleau en une couche très fine puis la découper en carrés de 3 cm x 3 cm.

3- Laver et éplucher tous les légumes.

Dans une casserole faire revenir l'oignon et l'ail finement hachés avec un peu d'huile.

Tailler le reste des légumes en morceaux et les ajouter à la casserole. Incorporer l'eau et le cube de bouillon.

Laisser cuire jusqu'à ce que les légumes soient bien cuits.

Jeter un à un les carrés de pâtes dans la soupe et laisser mijoter, le temps qu'ils soient cuits.

4-Servir dans des assiettes creuses ou dans des cassolettes en terre cuite.

Ajouter les œufs entiers délayés dans un peu bouillon. Les jaunes cuisent par l'action de la chaleur de la préparation.

Saupoudrer de coriandre pour la décoration.

25-Locro Criollo (Argentine)

Ingrédients (6 personnes) :

-1 kg de maïs blanc

-1 kg d'haricot blancs

-1/2 kg de côte de porc

-200 g de lard

-1/2 kg de veau

-3 saucisses (type Montbéliard)

-2 chorizos

-1 kg de viande de bœuf

-250 g de potiron

-250 g de carotte

-1/2 cuillère à café de piment moulu

-1/2 cuillère à café de poivre

-250 g de pomme de terre

-250 g de patate douce

-500 g de chou blanc

Préparation de la recette :

1-Mettre à tremper une nuit entière un demi kilo de maïs et de haricots blancs dans un grand récipient rempli d'eau froide.

2-Dans cette même eau, le jour suivant, mettre à bouillir les saucisses coupées en morceaux, avec le maïs et les haricots.

Ajouter également le lard, la viande de veau coupés en morceaux et les côtes de porc.

Ne pas saler, sauf à la fin, si cela est nécessaire. Le tout doit bouillir une dizaine d'heures, ou jusqu'à ce que la préparation épaississe.

3-Mélanger avec une cuillère en bois pour éviter que les haricots n'attachent au fond de la marmite. Après sept heures de cuisson, ajouter le restant de maïs et de haricots blancs, les légumes en dés et la demi cuillère de poivre.

4-Pour la sauce, écraser l'ail, ajouter l'huile, le piment, le sel et le poivre (cela doit être bien relevé). Servir avec de l'échalote.

26-Fanesca soupe (Equateur)
(Préparée la semaine précédent Pâques)

Ingrédients (4 personnes) :

-1 kg de morue

-6 tasses de courgette coupées en dès

-6 tasses de courgette musquées coupées en dès

-2 tasses de choux en lanières

-4 tasses de fèves cuites et pelées

-4 tasses de graines de maïs cuites

-3 tasses de petits pois cuits

-2 tasses de haricots de Lima cuits

-2 tasses de haricots blancs cuits

-2 tasses de haricots lupins

-2 tasses de riz cuit très tende

-8 cuillères à soupe de beurre

-1 cuillère à café de roucou moulu

-1 tasse d'oignons blancs en dés

-1 tasse d'oignons rouges en dés

-10 dents d'ail écrasées

-1 cuillère à soupe de cumin en poudre

-1 cuillère à soupe d'origan séché

-1 cuillère à café de poivre du moulin

-2 tasses de cacahuètes grillées

-12 tasses de lait

-1 tasse de crème épaisse

-340 g de fromage blanc à tartiner

-1 tasse fromage feta

-½ botte de coriandre finement haché

-Sel

Préparation de la recette :

1-Faire dessaler la morue pendant 24 heures en changeant l'eau toutes les 6 à 8 heures, à chaque fois l'eau doit devenir moins salée, ensuite couper la morue en morceaux moyens.

2-Cuire la courgette musquée et la courgette séparément avec juste l'eau suffisante pour les couvrir, cuire jusqu'à ce qu'elles soient bien tendres, égoutter et les placer dans le mixer et faire une purée.

3-Bouillir le chou avec un peu d'eau 3 minutes environ, égoutter et ajouter à la purée.

4-Dans une grande marmite, chauffer le beurre à feu moyen.

Ajouter les oignons, l'ail, le roucou, le cumin, l'origan, le poivre et cuire jusqu'à ce que les oignons soient tendres pendant environ 5 minutes.

Ajouter le riz et l'écraser avec un écrase purée pour en faire une sauce épaisse.

Ajouter la purée de courgettes et le chou et bien mélanger.

Ajouter 4 tasses de lait et les haricots fèves, le maïs, les petits pois, les haricots de Lima, et les haricots, bien mélanger et laisser frémir pendant 15 minutes en mélangeant souvent afin d'éviter que cela ne colle au fond de la casserole.

5-Pendant ce temps faire bouillir 6 tasses de lait, ajouter la morue dessalée et bouillir à petit feu pendant 10 minutes.

6-Ajouter le lait et la morue à la soupe.

7-Mixer les cacahuètes grillées avec 2 tasses de lait, ajouter les à la soupe et cuire encore 10 minutes toujours en touillant fréquemment.

8-5 à 10 minutes avant de servir, ajouter les haricots lupins, la crème épaisse et les fromages, remuer pour aider le fromage à fondre.

Ajouter la coriandre et bien mélanger.

9-Servir avec les tranches d'œufs durs placés sur la soupe.

27-Soupe de maïs (Pérou)

Ingrédients (4 personnes) :

-300 g de maïs cuit égoutté

-1 oignon finement coupé

-1 poireau coupé en rondelles

-2 pommes de terre coupées en dés

-1 litre de bouillon de volaille (2 cubes+1 l d'eau bouillante)

-1 feuille de laurier

-Sel

-Poivre

-1 cuillère à soupe de persil finement haché

-2 cuillères à soupe d'huile d'olive

-Crème fraîche

-Fromage râpé

-Piment d'Espelette

Préparation de la recette :

1-Faire saisir l'oignon et le poireau dans l'huile d'olive.

2-Poivrer et ajouter les pommes de terre et saisir le tout pendant 3 minutes.

3-Ajouter le bouillon de volaille, la feuille de laurier et le maïs égoutté. Laisser mijoter pendant 15 ou 20 minutes.

4-Mixer le tout pour avoir une crème onctueuse et servir avec un peu de persil haché. Répartir la soupe dans des bols.

5-Ajouter un peu de fromage râpé et une cuillère de crème fraîche dans chaque bol. Saupoudrer d'une pincée de piment d'Espelette.

28-Soupe aux cacahuètes (Afrique)

Ingrédients (10 personnes) :

-1/4 cuillère à café de poivre noir

-1/4 cuillère à café de piment en poudre

-170 g de beurre de cacahuète avec des petits morceaux

-85 g de riz brun non cuit

-2 litres de bouillon de légumes (2 litres d'eau + 1 cube)

-700 g de sauce tomate en boîte

-2 oignons de taille moyenne hachés

-2 gros poivrons rouges coupés en petits dés

-4 gousses d'ail hachées

-2 cuillère à soupe d'huile d'olive

Préparation de la recette :

1-Faire chauffer l'huile dans une grande marmite à feu moyen fort. Faire revenir les oignons et les piments jusqu'à ce qu'ils soient dorés et tendres. Ajouter l'ail au dernier moment afin d'éviter qu'il ne brûle.

2-Ajouter la sauce tomate, le bouillon de légumes, le poivre noir et le piment en poudre. Réduire le feu à faible et laisser mijoter à découvert 30 minutes.

3-Ajouter le riz, couvrir et laisser mijoter à nouveau 15 minutes jusqu'à ce que le riz soit tendre.

4-Ajouter le beurre de cacahuète et bien mélanger. Servir.

29-Soupe de patates douces, miel, citron vert et gingembre (Afrique)

Ingrédients (6 personnes) :

-1 litre de lait écrémé

-1 citron vert pressé

-1 pincée de sel

-1 pincée de poivre

-2 gousses d'ail haché

-1 morceau gingembre frais finement haché

-1 cuillère à soupe de beurre demi-sel fondu

-1 cuillère à soupe de miel

-1 cuillère à soupe d'huile d'olive

-1 morceau d'oignon émincé

-3 morceaux de patates douces, pelées et coupées en dés

Préparation de la recette :

1-Préchauffer le four à 200° C.

2-Dans un plat allant au four, mélanger les dés de patates douces avec le beurre et le miel. Cuire jusqu'à ce que les patates douces soient dorées, environ 15 minutes.

3-Dans une grande casserole, chauffer l'huile à feu moyen. Ajouter les oignons, le gingembre et l'ail et faire revenir jusqu'à ce que le tout soit tendre, environ 8 à 10 minutes.

4-Ajouter les patates douces et le lait dans la casserole et porter à ébullition à feu moyen-vif. Réduire le feu et laisser mijoter, environ 8 minutes.

5-Retirer la soupe du feu et la réduire en purée avec un mixeur plongeur.

6-Avant de servir, assaisonner au goût avec du jus de citron vert, du sel et du poivre.

30-Bouillabaisse (France)

Ingrédients :

Pour la soupe de poisson :

-1,5 kg de poissons de méditerranée

-600 g de fenouil

-100 g de céleri

-3 gousses d'ail

-1 cuillère à soupe de concentré de tomate

-4 cuillères à soupe d'huile d'olive

-1 pincée de safran

-1 pincée de piment de Cayenne

-Herbes de Provence

Pour la bouillabaisse :

-1 kg de rascasse

-1 kg de rouget grondin

-1 kg de saint-pierre

-1 kg de gallinette

-500 g de congre

-4 langoustes

-2 kg de pommes de terre

-2 cuillères à soupe d'huile d'olive

-Sel

-Poivre

Pour la rouille :

-1 jaune d'œuf

-1 cuillère à café de moutarde

-2 cuillères à café de concentré de tomate

-1 cuillère à soupe d'huile

-1 pincée de piment de Cayenne

-Sel

-Poivre

Pour le service :

16 tranches de pain de mie

Préparation de la recette :

1-Préparer la soupe de poissons la veille.

Vider les poissons sans les ouvrir mais en pressant de la tête vers la queue afin d'éjecter les abats.

Dans un grand saladier, mélanger les poissons avec le fenouil coupé en petits dés, les gousses d'ail épluchées, le céleri coupé en morceaux, le safran et les herbes de Provence.

Arroser le tout d'huile d'olive.

Mettre le saladier au réfrigérateur et remuer au moins 2 à 3 fois.

2-Le lendemain, séparer les poissons de la marinade. Les mettre dans une marmite avec un peu d'huile d'olive et faire revenir quelques minutes sans laisser brûler, puis couvrir d'eau et ajouter le concentré de tomate. Faire cuire une bonne demi-heure à gros bouillon en mouillant si besoin avec de l'eau et du piment selon votre goût. Passer la soupe au presse-purée.

3-Préparer la bouillabaisse.

Peler et coupez les pommes de terre en rondelles d'environ 1 cm. Réserver.

Dans une marmite, avec de l'huile d'olive faire revenir à feu doux (environ 2 à 3 min) la rascasse, le rouget grondin, le saint-pierre, la gallinette, les morceaux de congre et les queues de langouste coupées en deux.

Puis, enlever les poissons de la marmite et ajouter de l'eau juste pour le couvrir et les réserver.

4-Mettre la soupe dans la marmite et porter à ébullition le tout. Ensuite, mettre les queues de langouste. 5 min après, ajouter les poissons et les pommes de terre en rondelles. Lorsque les pommes de terre sont cuites, tout est cuit.

5-Préparer la rouille

Monter une mayonnaise, avec l'œuf, la moutarde, l'huile, le sel et le poivre.

Une fois qu'elle est prise ajouter le concentré de tomate, le piment et un peu de soupe de poisson.

6-Présentation

Pendant la cuisson du plat, mettre des tranches de pain de mie au four pour les griller, puis les frotter avec de l'ail.

Enlever les pommes de terre, les réserver.

Enlever les poissons sans les casser, les détacher en filets. Les mettre sur un plat de service de façon à les reconnaitre. Mettre les pommes de terre autour des filets de poisson. Servir la soupe bien chaude.

7-Servir les tranches de pain recouvertes de rouille et arrosées de soupe de poisson, puis, servir les morceaux de poisson arrosés de soupe avec quelques croûtons.

31-Soupe au gruyère (Suisse)

Ingrédients :

-3 poireaux

-4 pommes de terre

-2 navets

-1 branche de céleri

-un litre de bouillon de volaille

-10 cl de lait

-40 g de beurre

-1 morceau de gruyère

Préparation de la recette :

1- Eplucher les légumes et couper les poireaux en rondelles.

2-Couper les navets en dés.

3-Couper le céleri en tronçons.

4-Faire revenir ces légumes dans 40 g de beurre pendant 5 à 10 minutes.

5- Pendant ce temps, éplucher les pommes de terre, les couper en dés.

6-Verser dans la casserole un litre de bouillon de légumes puis les pomme de terre. Poursuivre la cuisson 15 minutes.

7-Verser le lait et poursuivre la cuisson 15 minutes.

8-Répartir la soupe dans des bols et déposer le gruyère râpé par-dessus pour le laisser fondre.

32-Kuksu (Malte)

Ingrédients :

-350 g de fèves

-300 g de petits pois

-150 g de boulgour

-1 gros oignon

-1 cuillère à soupe d'huile d'olive

-3 cuillères à soupe de menthe ciselée

-3 gousses d'ail

-1 grosse cuillère à soupe de concentré de tomates

-6 œufs

-400 g de ricotta

Préparation de la recette :

1- Ciseler un gros oignon et le faire revenir dans le faitout ou la marmite à feu doux jusqu'à ce qu'il devienne mou sans prendre de couleur.

2- Ciseler finement 3 gousses d'ail frais.

3- Ajouter l'ail dans le faitout quand l'oignon est devenu mou et mélanger, laisser cuire 2 minutes.

4- Ajouter une cuillère à soupe pleine de concentré de tomates.

33-Soupe à la tomate (Pérou)

Ingrédients :

8 tomates

-1 oignon

-2 gousses d'ail

-1 cuillère à soupe d'huile d'olive

-1 feuille de laurier

-1 cuillère à café de sucre

-1 litre de bouillon de légumes (1 cube + 1 litre d'eau)

-1 cuillère à café d'origan séché

-20 cl de lait

-Sel

-Poivre

Préparation de la recette :

1- Faire bouillir de l'eau puis y plonger les tomates pendant 2 minutes pour pouvoir en enlever la peau facilement.

2- Ciseler un oignon et peler les gousses d'ail.

3- Faire revenir les gousses d'ail râpées et l'oignon ciselé à feu doux dans une cuillère à soupe d'huile d'olive pendant 5 minutes.

4- Pendant ce temps monder les tomates et les couper en cubes.

5- Verser les cubes de tomates dans la marmite et faire revenir 5 minutes à feu vif en remuant.

6- Verser le cube de bouillon dans un litre d'eau chaude pour faire un litre de bouillon de légumes.

7- Verser le liquide sur les tomates et faire cuire à feu doux pendant 1 heure.

8- Ajouter la feuille de laurier et l'origan, la cuillère à café de sucre en poudre.

9- Mixer la soupe pour la rendre homogène et fluide.

10- Verser le lait. Mélanger Servir bien chaud.

34-Caldo de ovo (Cap Vert)

Ingrédients (4 personnes) :

-2 oignons

-1 oignon frais

-1 grosse tomate

-1 poignée de feuilles de coriandre fraîche

-1 citron

-4 œufs

-1 cuillère à café de curcuma en poudre

-Sel

Préparation de la recette :

1- Faire bouillir une casserole d'eau, arrêter le feu et y plonger la tomate pendant 1-2 minutes. Ensuite la peau s'enlèvera toute seule.

2- Ciseler finement les oignons et ôter la peau de la tomate avant de la concasser en petits dés également.

3- Effeuiller la coriandre pour n'en garder que les feuilles et couper le citron en deux.

4- Verser une cuillère à soupe d'huile d'olive dans une casserole et y faire revenir les oignons jusqu'à ce qu'ils soient tendres mais sans prendre de couleur. Garder quelques rondelles d'oignon frais et vert pour le décor

5- Ajouter alors la tomate concassée et les feuilles de coriandre fraîches. Garder une cuillère à soupe de tomate pour le décor ainsi que quelques feuilles de coriandre.

6-Ajouter le jus de citron.

7- Verser de l'eau et ajouter un quart de cuillère à café de curcuma.

8- Couvrir et laisser cuire pendant 20 minutes à petit bouillon.

9- Après ce temps casser les œufs dans un petit ramequin.

10- Verser les œufs un à un dans le bouillon pour 3 minutes. Servir ensuite ce bouillon aux œufs avec deux œufs par personne avec du bouillon, avec quelques dés de tomate fraîche qui restent, des rondelles fines d'oignon frais et des pluches de coriandre.

35-Soupe de lentilles corail Addas (Soudan)

Ingrédients (4 personnes) :

-1 verre de lentilles corail

-1 oignon

-2 cuillères à soupe d'huile d'olive

-1 gousse d'ail

-1 grosse cuillère à soupe de concentré de tomates

-1/2 cuillère à café de graines de coriandre

-1/2 cuillère à café de grains de poivre

-1/2 cuillère à café de graines de cumin

-5 (pour les lentilles) +1 (pour le concentré) verres d'eau

-1 poignée de feuilles de coriandre fraîches

-Sel

Préparation de la recette :

1- Ciseler finement un oignon. Le faire revenir dans une grande casserole avec l'huile d'olive. Mettre sur feu doux pour ramollir le légume.

2- Ciseler finement une gousse d'ail et l'ajouter quand l'oignon est devenu mou mais sans roussir.

3- Pendant ce temps réduire en poudre le cumin avec le poivre et les graines de coriandre.

4- Verser la poudre d'épices sur l'oignon et l'ail et mélanger.

5- Rincer les lentilles corail sous un filet d'eau froide jusqu'à ce qu'elles ne moussent plus.

6- Verser les lentilles sur les ail et oignon et verser 5 verres d'eau. Laisser bouillir à petits bouillons.

7- Mélanger une cuillère à soupe de concentré de tomate avec un verre d'eau.

8- Verser sur les lentilles corail en train de cuire et terminer la cuisson. Cela prend environ 20-25 minutes de cuisson.

9- Servir la soupe chaude avec des feuilles de coriandre fraîches.

36-Kale farci à la patate douce et lait de coco (Vanuatu)

Ingrédients (4 personnes) :

-4 grandes feuilles de chou Kale

-1 grosse patate douce

-50 cl de lait de coco

-1 cuillère à café rase de sel fin

-1/2 cuillère à café de poivre moulu

Préparation de la recette :

1-Peler une patate douce. La couper en rondelles puis en petits cubes pour la mixer.

2- Mixer la patate douce très fin ou la râper (plus traditionnellement) très finement. Ajouter une cuillère à café rase de sel fin. Ainsi qu'une demi cuillère à café de poivre. Bien mélanger le tout.

3- Laver les feuilles de chou Kale, ôter la grosse cote dure du milieu et poser dessus une boulette de patate douce. La boulette se fait en compressant dans la main le hachis.

4- Replier les feuilles autour de la boulette et les mettre dans une casserole en serrant bien les rouleaux les uns contre les autres. 1 feuille de chou kale fait deux rouleaux.

5- Arroser des trois quarts du lait de coco et mettre à cuire sur feu doux pendant 45 minutes et à couvert.

6- Les feuilles de chou doivent être devenues tendres mais comme vous voyez le lait de coco a tranché. Les autres feuilles (blettes et épinards) demandent moins de temps de cuisson.

7- Verser le dernier quart de lait de coco, faire chauffer et servir aussitôt.

37-Soupe de nouilles épicées (Singapour)

Ingrédients :

-100 g de nouilles de riz (type vermicelles)
-1 gros oignon
-2 gousses d'ail
-3 cm de gingembre frais
-100 ml de lait de coco
-600 ml d'eau
-2 cubes de bouillon de bœuf
-1 cuillère à soupe rase de curry en poudre

-1 cuillère à soupe rase de curcuma en poudre
-1 cuillère à soupe rase de coriandre moulue
-6 brins de coriandre fraîche
-2 oignons nouveaux
-1 cuillère à soupe rase de sucre en poudre
-1 piment
-4 cuillères à soupe d'huile de sésame

Préparation de la recette :

1- Ciseler un bel oignon très finement ou le hacher et le mettre à cuire dans l'huile de sésame à feu moyen-doux et en remuant souvent jusqu'à ce qu'il soit devenu translucide. Y râper alors deux gousses d'ail. Ainsi qu'un petit morceau de gingembre pelé.

2- Couper très fin un piment rouge (ou pas si vous n'aimez pas la chaleur du piment). L'ajouter dans le faitout.

3- Saupoudrer d'une cuillère à soupe rase de curry en poudre.

4- Puis verser une cuillère à soupe rase de curcuma en poudre et une cuillère à soupe rase de coriandre moulue.

5- Ajouter les deux cubes de bouillon.

6- Puis verser l'eau et laisser bouillir à petits bouillons pendant 20 minutes.

7- Ajouter le lait de coco ainsi que la cuillère de sucre en poudre et remettre sur le feu.

8- Verser les nouilles de riz et les laisser cuire 5 minutes en remuant toutes les minutes. Goûter pour vérifier leur cuisson et rectifier en sel.

9- Émincer finement une tige d'oignon frais et 6 brins de coriandre fraîche.

10- Servir la soupe dans des bols parsemée de l'oignon frais et de la coriandre fraîche.

38-Soupe à l'oignon (Luxembourg)

Ingrédients :

-3 beaux oignons

-30 g de farine

-1,5 litre d'eau

-3 cubes de bouillon de volaille

-1 cuillère à soupe de beurre

-Sel

 Poivre

-Pain rassis

-Emmental râpé

Préparation de la recette :

1- Ciseler finement trois beaux oignons pelés.

2-Verser le beurre dans la marmite ou le faitout.

3-Verser les dés d'oignons dans le faitout et faire cuire jusqu'à ce qu'ils soient mous en tournant, cela prend environ 7 minutes.

4- Verser alors la farine et bien mélanger.

5- Ne pas cesser de tourner jusqu'à ce que les oignons soient légèrement dorés, c'est cette étape qui donne le goût caramélisé à la soupe. Mélanger car la farine attache facilement au fond.

6- Ajouter l'eau et les cubes de bouillon. Laisser cuire à couvert pendant 30 minutes en remuant de temps en temps. Goûter à la fin pour éventuellement rectifier en sel.

7- Disposer des morceaux de pain rassis et grillés au fond des assiettes à soupe ou des bols. Les saupoudrer généreusement d'Emmental râpé.

8- Verser la soupe brûlante sur les tranches de pain et déguster.

39-Soupe de Fèves Foul (Yemen)

Ingrédients :

-400 g de fèves

-1/2 oignon

-4 cuillères à soupe d'huile d'olive

-3 gousses d'ail

-1 grosse tomate

-1 pincée de cumin en poudre

-1 pincée de coriandre en poudre

-Eau

-Sel

Préparation de la recette :

1-Cuire les fèves pelées dans de l'eau salée à ébullition (5 minutes).

2- Égoutter les fèves puis les piler avec un écrase-purée pour en faire une purée.

3- Ciseler finement un demi oignon et râper trois gousses d'ail.

4- Faire fondre demi oignon et gousses d'ail dans l'huile d'olive puis ajouter une pincée de cumin en poudre et une grosse pincée de coriandre en poudre.

5- Laver une tomate et la couper en dés. Verser ces dés dans un mixer pour les réduire en purée.

6- Verser la purée de tomate dans la poêle où se trouvent les épices, l'oignon, l'ail.

7- Faire réduire la sauce à feu vif en remuant sans arrêt jusqu'à ce qu'elle devienne presque une pâte.

8- Ajouter alors la purée de fèves et de l'eau. Vous pouvez soit la présenter en purée soit en soupe plus ou moins liquide.

9-Pour la présentation ajouter un peu de feta, quelques dés de tomates, des bouts de piment fort et des morceaux de coriandre fraîche.

40-Ash-e-reshteh (Iran)

Ingrédients (pour 8 personnes) :

-1 boîte de haricots rouges

1 boîte de lentilles au naturel

-1 boîte de pois chiches

-1 bouquet de persil

-1 bouquet de coriandre

-1 cuillère à soupe de menthe sèche en poudre

-1 kg d'épinards

-250 g de reshteh (ou linguine)

-1 petit pot de kashk (petit lait fermenté)

-Sel

-2 cuillères à soupe d'huile

-2 gros oignons

-4 gousses d'ail

-1 cuillère à café de curcuma

Préparation de la recette :

1-Laver le bouquet de persil et le bouquet de coriandre puis les égoutter.

2- Rincer les boîtes de haricots rouges, lentilles et pois chiches sous un filet d'eau.

3- Verser les légumineuses et les épinards dans un grand faitout et verser de l'eau à hauteur des ingrédients, couvrir et mettre sur feu moyen.

4- Ciseler les bouquets d'herbes finement.

5- Ajouter les herbes dans le faitout avec une cuillère à soupe de menthe sèche en poudre.

6- Voici les pâtes qui servent à faire cette soupe, ces sont des pâtes déjà salées. Si vous n'en trouvez pas vous pouvez remplacer par des linguines coupées en 4 mais à ajouter dans les 10 dernières minutes de cuisson. Les reshteh peuvent cuire sans se décomposer...

7- Verser les pâtes dans la soupe et laisser cuire environ 30 minutes.

8- Pendant ce temps préparer la garniture en ciselant les oignons et en les faisant revenir dans l'huile jusqu'à ce qu'ils soient dorés et tendres.

9- Hacher 4 belles gousses d'ail.

10- Quand les oignons sont bien dorés, ajouter l'ail dans la poêle et laisser revenir 2-3 minutes.

11- Ajouter alors une cuillère à café de curcuma.

12- Verser un petit pot de kashk dans la soupe et le délayer. Je vous montre avec cette image à quoi il ressemble. Servir la soupe chaude avec un peu de garniture sur chaque assiette.

41- Soupe rhubarbe épinards Chin hin (Birmanie)

Ingrédients (pour 2-3 personnes):

-100 g de rhubarbe

-150 g d'épinards

-1 oignon

-1 cuillère à soupe rase de curcuma

-1 cuillère à soupe d'huile de sésame

-2 gousses d'ail

-1 litre d'eau

-Sel

Préparation de la recette :

1-Laver une tige de rhubarbe, la couper en tronçons et la faire cuire dans 600 ml d'eau pendant 20 minutes puis laisser infuser jusqu'à ce que le liquide soit tiède.

2- Peler un oignon et le ciseler finement.

3- Peler deux gousses d'ail et les hacher.

4- Verser l'huile de sésame dans la marmite, la sauteuse ou comme ici le wok et faire frire l'ail haché pendant 1 minute. Cette opération permet d'avoir un parfum subtil d'ail sans qu'il soit trop présent dans les parfums.

5- Puis ajouter l'oignon ciselé dans la marmite ainsi que la cuillère à soupe de curcuma en poudre. Mélanger et laisser revenir pendant 1 minute le tout en remuant à feu vif.

6- Ajouter les épinards, ici ce sont des épinards surgelés.

7- Filtrer le liquide de cuisson de la rhubarbe dans une passoire puis presser le plus possible celle-ci contre la grille afin d'en extraire le maximum de liquide, c'est lui qui va donner le goût acidulé de la soupe. Laisser cuire 20 minutes. Servir chaud avec du riz blanc.

42- Soupe de haricots blancs - Jani me fasule (Albanie)

Ingrédients :

-500 g de haricots secs

-3 grosses cuillères à soupe de concentré de tomates

-2 cuillères à soupe de paprika

-1 cuillère à café rase de piment de Cayenne

-2 cubes de bouillon de légume

-1 oignon

-40 g de beurre

-1 cuillère à soupe d'huile de tournesol

-1 petit bouquet de persil plat

-Sel

Préparation de la recette :

1- Faire tremper les haricots blancs 24h et renouveler l'eau 4 fois. Faire bouillir une première fois dans de l'eau avec une cuillère à café de bicarbonate de soude pendant 10 minutes puis égoutter (pour éviter les effets secondaires des haricots...). Rincer les haricots sous l'eau froide.

2- Puis remettre les haricots à bouillir dans une marmite avec 6 cm d'eau au-dessus des pois.

3- Ciseler un oignon.

4 Le faire revenir à la poêle sur feu moyen avec une cuillère à soupe d'huile pour cuisson jusqu'à ce qu'il devienne légèrement doré. Ne pas oublier de mélanger.

5- Verser dans la marmite une cuillère à café rase de piment de Cayenne.

6- Ainsi que deux cuillères à soupe de paprika.

7- Ajouter trois cuillères à soupe pleines de concentré de tomates.

8- Laver le bouquet de persil plat puis le ciseler finement.

9- Verser l'oignon devenu tendre et légèrement doré dans la marmite.

10- Faire glisser le persil ciselé dans la soupe et ajouter 2 cubes de bouillons.

11- Laisser cuire pendant 3 à 4 heures à feu doux et à couvert. Dans la dernière heure, quand les haricots sont presque tendres, ajouter le beurre. Attention à ajouter de l'eau en cours de cuisson et à bien remuer le fond toutes les 10 minutes, car cette soupe peut facilement attacher au fond de la marmite. Saler au goût.

43-Soupe aux champignons hongroise (Hongrie)

Ingrédients (4 personnes) :

-1 litre de bouillon de légumes (1 litre d'eau + 1 cube de bouillon de légumes)

-400 g de champignons de Paris

-1 oignon moyen

-2 gousses d'ail

-50 g de beurre

-1 cuillère à café d'huile de tournesol

-1 cuillère à café pleine de paprika

-1 cuillère à café rase d'aneth séché (ou 2 cuillères à café pleines d'aneth frais)

-3 cuillères à soupe pleine de farine

-Sel

-20 cl de crème fraîche liquide

-Poivre du moulin

Préparation de la recette :

1- Dissoudre un bouillon de légumes dans un litre d'eau chaude (ou si vous avez un reste de 1 litre de bouillon de légumes d'une autre soupe c'est encore mieux).

2 Ciseler très finement un oignon moyen.

3- Faire fondre le beurre dans la cuillère d'huile sur feu doux.

4- Verser l'oignon ciselé finement dans la marmite et laisser sur feu doux le temps de préparer les champignons. Mélanger de temps en temps pour que tous les morceaux d'oignons soient bien ramollis sans prendre de couleur toutefois.

5- Nettoyer les champignons et couper le bout de la queue pour le jeter et puis couper les champignons en deux puis les moitiés en lamelles les plus fines possibles.

6- Ajouter l'ail ciselé à l'oignon dans la marmite.

7- Verser une cuillère à café pleine de paprika sur l'oignon et l'ail.

8- Puis ajouter une cuillère à café rase d'aneth séché ou deux cuillères à café pleine d'aneth frais finement ciselé.

9- Mélanger les épices avec l'oignon puis ajouter tous les champignons émincés et bien mélanger, remonter le feu et mettre sur feu vif en remuant sans arrêt.

10- Lorsque les champignons sont devenus mous, baisser le feu et cesser de remuer pour ajouter la farine puis mélanger à nouveau pour que la farine se répartisse partout sur les légumes.

11- Quand toute la farine a été imprégnée et qu'il ne reste plus de blanc, ajouter le bouillon fait au début. Monter le feu jusqu'au premier bouillon.

12- Puis couvrir la marmite avec un couvercle et baisser le feu au minimum. Laisser cuire pendant 30 minutes à tout petits bouillons le temps que la soupe épaississe grâce à la présence de farine.

13- Après ce temps de cuisson, saler au goût, poivrer légèrement au moulin à poivre, puis ajouter la crème fraîche liquide. Je l'ai choisie allégée pour plus de digestibilité mais je pense qu'avant elle devait être entière... Servir cette soupe bien chaude.

44-Soupe au lait (Biélorussie)

Ingrédients (4 personnes) :

-1 litre de lait entier

-1 carotte

-20 g de beurre

-2 cuillères à soupe de sucre en poudre

-60 g de farine

-1 œuf

-50 cl d'eau

-Sel

Préparation de la recette :

1- Peler et râper la carotte.

2- Faire revenir la carotte avec le beurre pendant 5 minutes.

3- Puis ajouter un fond de verre d'eau et laisser cuire pendant environ 5 minutes.

4- Quand les bouts de carotte sont tendres verser le lait et le faire bouillir.

5- Pendant ce temps mélanger l'œuf à la farine et ajouter l'eau peu à peu jusqu'à obtenir une sorte de pâte à crêpe bien fluide.

6- Quand le lait est bouillant verser la pâte à la farine et à l'œuf dans le lait en mince filet en tournant sans arrêt.

7- Ajouter le sucre en poudre et le sel au goût et laisser épaissir la soupe. Servir bien chaud.

45-Soupe de haricots rouges Lobio (Georgie)

Ingrédients (4 personnes) :

-400 g de haricots rouges avec eau de cuisson ou 1 grosse boîte

-200 g de champignons de Paris

-3 oignons

-2 cuillères à soupe d'huile d'olive

-1 poivron rouge

-1 feuille de laurier

-1 cuillère à soupe de paprika

-2 cuillères à soupe de coulis de tomates

-1/2 botte de coriandre fraîche

-Piment de Cayenne

-Sel

Préparation de la recette :

1- Peler et émincer trois oignons finement.

2- Faire revenir les oignons sur feu moyen avec l'huile d'olive en remuant de temps en temps jusqu'à ce qu'ils deviennent bien mous.

3- Peler les champignons et les couper en 2 ou en 4 selon leurs tailles.

4- Verser les champignons sur les oignons et continuer la cuisson. Ajouter une feuille de laurier.

5- Ainsi qu'une cuillère à soupe de paprika. Remuer et continuer la cuisson à feu moyen.

6- Ajouter les haricots rouges cuits avec leur eau de cuisson ou si vous êtes aussi flemmard que moi, la boîte entière de haricots rouges, eau comprise.

7- Laver et émincer finement un poivron rouge sans le pédoncule et les graines.

8- Verser le poivron rouge dans la marmite et mettre de l'eau à hauteur des légumes.

9- Ajouter deux grosses cuillères à soupe de coulis de tomates.

10- Ajouter une pincée de piment de Cayenne. Laisser cuire environ 30 minutes à couvert.

46-Soupe de pois cassés et citrouille (Bostwana)

Ingrédients (4 personnes) :

-500 g de pois cassés

-1 kg de citrouille

-Eau

-Sel

Préparation de la recette :

1-Rincer les pois cassés sous un filet d'eau courante pour bien les laver.

2- Les verser dans un faitout ou une marmite et y ajouter 4 fois le volume des pois en eau et mettre à cuire sur feu doux et à couvert.

3- Pendant ce temps peler un gros morceau de citrouille. Couper d'abord la citrouille en gros cubes pour en enlever la peau.

4- Ajouter la citrouille aux pois cassés et laisser cuire à couvert et à feu doux. Quand la citrouille est cuite ainsi que les pois cassés battre le tout au fouet à main. Saler au goût et servir bien chaud.

47-Soupe de saumon – Lohikeitto (Finlande)

Ingrédients (4 personnes) :

-1 blanc de poireau

-1 belle carotte

-3 pommes de terre

-400 g de filets de saumon

-10 cl de crème fraîche liquide

-1/2 bouquet d'aneth

-1 pincée de poivre de Cayenne

-Sel

Préparation de la recette :

1- Prendre le blanc d'un poireau, le couper en deux puis le ciseler en petits bouts. Mettre dans la marmite à feu doux avec l'huile et remuer de temps en temps.

2- Peler la carotte et la couper en fines rondelles. Peler les pommes de terre et les couper en cubes d'environ 2 cm.

3- Mélanger les rondelles de carottes avec le poireau ciselé et laisser revenir 5 minutes en remuant et en montant un peu le feu.

4- Ajouter les cubes de pommes de terre et l'eau à hauteur des légumes et y mettre également 2 feuilles de laurier. Couvrir et laisser bouillir doucement et à couvert pendant 45 minutes.

5- Lever les filets de saumon en enlevant peau et arrêtes et le couper en cubes d'environ 4 cm.

6- Mettre les morceaux de saumon dans la soupe et laisser cuire pendant 6 minutes environ à gros bouillons.

7- Ajouter une grosse pincée de poivre de Cayenne ou d'un autre piment. C'est à doser selon vos goûts.

8- Verser enfin la crème fraîche liquide, mélanger et goûter pour saler. Servir bien chaud (traditionnellement avec un pain noir).

48-Soupe de pois - Sup z horokhu (Ukraine)

Ingrédients (4 personnes) :

-250 g de pois

-2 oignons

-1 grande carotte

-4 pommes de terre moyennes

-1 branche céleri

-4 feuilles de laurier

-2 gousses d'ail

-Persil

-1 cuillère à café d'huile de tournesol

-Sel

Préparation de la recette :

1- La veille au soir mettre les pois à tremper dans l'eau jusqu'au lendemain.

2-Peler et couper finement les 2 oignons.

3- Verser les oignons finement tranchés dans un faitout avec une cuillère à café d'huile et mettre sur feu très doux.

4 Eplucher et râper la carotte.

5- Ajouter la carotte râpée dans le faitout et continuer la cuisson douce en remuant de temps en temps.

6-Hacher finement la branche de céleri et ajouter les morceaux dans le faitout.

7- Couper les pommes de terre pelées en cubes. Ajouter ces cubes dans le faitout.

8- Rincer les pois disposés dans un tamis ou une passoire sous un filet d'eau.

9- Les verser dans le faitout et ajouter 1,5 litre d'eau.

10- Ajouter les feuilles de laurier ainsi que l'ail râpé finement.

11-Laisser cuire pendant environ 1h30 à couvert et à feu moyen-doux. Les pois doivent devenir fondants. Saler au goût. Servir la soupe chaude saupoudrée de persil finement haché.

49-Soupe médicament (Norvège)

Ingrédients (4 personnes) :

-2 grosse patates douces

-6 cm de gingembre frais

-2 cuillères à soupe de fromage frais

-1 cube de bouillon de légumes

-Sel

-1 boule de mozzarella

-Marjolaine

Préparation de la recette :

1- Peler les patates douces et les couper en morceaux.

2- Peler un morceau de gingembre d'environ 6 cm. Le couper en 4 morceaux.

3- Mettre les morceaux de patate douce et le gingembre une marmite remplie d'eau aux 2/3 et mettre sur feu doux. Ajouter un cube de bouillon de légumes. Il faut compter environ 15 minutes de cuisson à partir du moment où l'eau bout.

4- Quand un couteau entre facilement dans la chair d'un morceau de patate, arrêter la cuisson. Ajouter deux cuillères à soupe pleine de fromage frais. Mixer pendant 2 à 3 minutes.

5- Couper une boule de mozzarella en petits cubes et les répartir au fond de chaque bol. Répartir la soupe dans les bols et saupoudrer d'un peu de marjolaine.

50-Soupe de brocolis au cheddar (Islande)

Ingrédients (4 personnes) :

-1 belle tête de brocolis

-75 g de cheddar

-1 carotte

-1 petit oignon

-1 cuillère à soupe d'huile

-1 demi cuillère à café d'ail en poudre ou 2 gousses d'ail

-1 cuillère à café de moutarde forte

-1 cuillère à soupe de fécule de maïs

-2 cubes bouillons de bœuf

-250 ml de lait entier

-1 litre d'eau

-Sel

Préparation de la recette :

1-Peler la carotte et l'oignon, les couper en morceaux et les mettre dans un mixer.

2- Mixer les légumes puis les mettre dans une marmite sur feu doux avec une cuillère à soupe d'huile. Remuer de temps en temps.

3- Pendant ce temps laver les têtes de brocolis et séparer les bouquets de la tige.

4- Peler le bas des tiges afin d'enlever la partie la plus fibreuse puis les couper en morceaux et les mettre dans le mixer pour les hacher.

5- Verser le hachis de tiges de brocolis sur les carottes et mélanger, continuer à cuire à feu doux et à couvert.

6- Pendant ce temps râper le cheddar.

7- Ajouter 1 cuillère à café de sel sur les légumes puis les 2/3 des fleurettes de brocolis.

8- Verser l'eau. Ajouter les cubes de bouillon et l'ail haché.

9- Dans le récipient où se trouve le cheddar râpé verser une cuillère à café pleine de moutarde et une cuillère à soupe de fécule de maïs. Mélanger le tout et réserver.

10- Après 30 minutes de cuisson verser le lait entier et éteindre le feu. Mixer le tout.

11- Une fois le velouté bien mixé, ajouter le mélange au cheddar et deux tiers des fleurettes restantes. Remettre sur le feu et laisser cuire 5 minutes en remuant sans arrêt. Servir bien chaud, parsemé de toutes petites fleurettes de brocolis crues.